Maxime Du Camp

Le Clan
du vol à Paris

Ses catégories et ses refuges

ISBN : 978-1720670179

10 9 8 7 6 5 4 3 2 1

Maxime Du Camp

Le Clan du vol à Paris

Ses catégories et ses refuges

Table de Matières

Introduction

Lorsque Virgile, guidant le Dante vers l'enfer, arrive au seuil redoutable, il se tourne vers le poète florentin, et lui dit qu'il va lui faire voir

le genti dolorose

C'hanno perduto il ben dell' intelletto,

« les races douloureuses qui ont perdu le bien de l'intelligence. » Ces paroles, je pourrais aussi les adresser au lecteur, car je vais essayer de lui faire comprendre la vie, les mœurs, le langage de ces êtres pervertis qui, par suite d'instincts mauvais ou d'inéluctables circonstances, ont réellement perdu l'esprit, et vont demander aux actions du mal une existence pénible et flétrissante. Le nombre est grand de ceux qui, répudiant toute contrainte, dépouillant toute honte, vivent en dehors de la société et n'y touchent que pour lui nuire. Malgré la surveillance incessante dont ils sont l'objet, malgré les lois qui les enserrent, les atteignent et les châtient, ils restent au milieu de nous comme une tribu toujours en révolte, rêvant le mal, l'accomplissant avec une audace que rien ne semble pouvoir atténuer et se recrutant parmi les déclassés qui flottent au-dessus de notre civilisation comme des herbes lépreuses au-dessus d'un marais. Dans le sein de notre population active et laborieuse, c'est un peuple à part, sans foi ni loi, sans feu ni lieu, doué d'aptitudes particulières et fidèle à des coutumes transmises dont la connaissance permet le plus souvent de découvrir les auteurs des crimes. La paresse ou plutôt la haine instinctive de tout état régulier, la recherche et le besoin tyrannique des plaisirs grossiers, mènent le plus souvent ces malheureux au vagabondage, à la rébellion, au vol, parfois au meurtre. La bêtise et l'irréflexion y sont pour beaucoup, et tel homme, jeune, solide, bien constitué, a dépensé pour subsister de fraudes et de larcins plus d'énergie, de savoir-faire et de vigueur, qu'il ne lui en eût fallu pour vivre à l'abri de tout reproche.

Leur existence est des plus misérables ; à la fois chasseurs et gibier, dressant l'oreille au moindre bruit, toujours en alerte, ne dormant que d'un œil, mangeant au hasard, harcelés autant par leurs passions que par leurs craintes, pendant qu'ils poursuivent leurs projets sinistres, ils se sentent guettés par les yeux toujours ouverts de la police et traqués par des limiers dont ils ont pu apprécier le flair incomparable. Cette vie de ruse et de lutte a des charmes, dit-on : il faut le croire, puisque tant d'hommes l'ont librement choisie ; mais plus d'un voleur, se sentant vieillir, dégoûté, harassé de cette course sans repos de cerf aux abois, est venu à la préfecture de police dire : « C'est moi, me voilà, je suis si las que je me rends. « Il en est parmi eux qui pendant des années ont dormi à la belle étoile, sous les ponts, dans les bâtisses inachevées, dans les fours à plâtre, dans les carrières de la banlieue, et qui ne savent pas ce que c'est que le pain quotidien. « Es-tu bien ici ? disait un chef de service à une petite fille de douze ans mise provisoirement au dépôt et dont les parents avaient été arrêtés. — Oh ! oui, monsieur, répondit l'enfant ; on y mange tous les jours. »

Section I

Il est impossible de fixer, même approximativement, le nombre de gens qui, à Paris, se livrent au vol. Quoique l'on connaisse d'une façon presque certaine les repris de justice, les vagabonds, les hommes de mauvaise vie, les habitués des postes de police, on ne peut rien dire de précis à ce sujet, car dans une ville aussi peuplée que Paris l'occasion, la circonstance fortuite, jouent un rôle déterminant. Pour bien des personnes dont la moralité n'a jamais été mise en doute, le vol est un acte violent par lequel on s'empare du bien d'autrui. La définition est vraie, mais fort incomplète, et, si l'on arrêtait tous ceux qui ont réellement volé, les prisons du département de la Seine ne suffiraient point à les contenir. Le vol a mille formes qui, pour n'être pas excessives, n'en sont pas moins coupables. — Le marchand qui trompe sur la qualité ou la quantité de denrées vendues, le négociant qui augmente outre mesure ses prix selon des occurrences exceptionnelles, l'homme qui trouve un objet et se l'approprie, le joueur qui sait avec adresse amener la chance de son côté, le tapissier qui met du varech au lieu de crin dans ses fauteuils, sont autant de voleurs. L'employé qui emporte chez lui et destine à son usage personnel le papier et les enveloppes que son administration lui confie pour le service de l'état est un voleur. Le chasseur qui cache une pièce de gibier en passant devant les agents de l'octroi, la femme qui dissimule des dentelles au douanier, commettent un vol tout aussi bien que le gamin qui enlève une cravate à un étalage ; seulement c'est l'état qu'on vole, et c'est un être de raison qu'on traite avec plus de sans-gêne qu'un particulier. Cependant ces mêmes personnes dont la délicatesse fait subitement défaut en présence du trésor public pousseraient de beaux cris, si leur rue n'était pas éclairée, gardée, nettoyée, pavée, si, sous prétexte que l'octroi et la douane ne rapportent plus assez, on supprimait les sergents de ville qui les protègent.

Les administrations sont bonnes personnes, et elles détournent les yeux avec mansuétude pour n'être pas obligées de sévir et pour éviter le scandale d'une répression qui fait souvent plus de mal que de bien sur l'esprit public. Il n'en est pas de même lorsque c'est la propriété d'autrui qui est menacée, et l'on pourchasse sans repos ni trêve ces enfants perdus qui demandent au crime, par accident d'abord, par habitude ensuite et par perversion définitive, leurs moyens d'existence. Il est un fait irrécusable et que l'histoire naturelle explique : les malfaiteurs, j'entends ceux qui font métier de rapines, sont absolument semblables les uns aux autres, à quelque catégorie de la société qu'ils appartiennent ; ce sont les mêmes passions, les mêmes appétits qui les font agir. Quoi qu'en aient dit certains philanthropes, on ne vole que bien rarement pour manger ; les trois grands mobiles qui poussent l'homme hors de toute voie et le jettent à travers les plus coupables aventures sont les femmes, le jeu et la boisson. Il y a des exceptions cependant. Rafinat, qui fut un moment compromis, dans le vol des médailles de la Bibliothèque royale, *caroubleur* redoutable (voleur à l'aide de fausses clés), envoyait à sa famille le produit de ce qu'il appelait ses expéditions. Pour un de cette espèce, il s'en trouve dix mille qui n'ont d'autre but que de satisfaire leurs goûts brutaux. Un voleur *travaillant* dans une foule enlève un porte-monnaie garni de 50 francs ; il va au plus vite dans un estaminet mal famé, y boit de l'eau-de-vie, y joue, y ramasse une femme de mauvaise vie, et va dépenser avec elle jusqu'à son dernier centime ; un membre d'un cercle qu'il est inutile de désigner triche au jeu et gagne 10,000 francs ; il va souper à la Maison d'Or avec une femme très à la mode dont le père est cocher de fiacre et le frère forçat. Quelle différence entre ces deux faits, entre ces deux hommes ? Aucune ;

la moralité est la même, les passions sont pareilles ; sauf le milieu, tout est semblable.

Un Vieux proverbe dit : généreux comme un voleur, et le proverbe a raison. Le voleur qui entasse et thésaurise est une anomalie qu'on ne rencontre que chez certains juifs receleurs. Dès qu'un malfaiteur a fait un bon coup, il distribue l'argent à tort et à travers, il paie ses dettes, habille ses camarades, invite tout le monde à partager sa bonne fortune ; il a le cœur sur la main, comme on dit, et ne sait rien refuser. Le premier soin qu'eut Firon après avoir assassiné la servante de M. de Tessan et volé avec effraction dans le domicile de ce dernier, ce fut d'acheter des bonbons pour la fille de sa maîtresse. Comme ils sont l'objet d'une surveillance perpétuelle, ils se dénoncent eux-mêmes par ces excès de dépenses qui sont pour eux une sorte d'invincible besoin, et ils tombent promptement dans les mains de la police. Ils se savent toujours traqués ; le vol commis aujourd'hui peut amener leur arrestation dès demain ; ils se hâtent de jouir et de jeter à la débauche le temps que la prison leur laisse encore. Ils sont en outre vaniteux ; ils aiment à se vanter de l'énergie, de l'adresse qu'il leur a fallu déployer pour *fabriquer telle affaire*, et si l'on doute de leur assertion, ils montrent, ils donnent l'argent volé pour bien prouver que le vol a réussi. Ils se désignent aussi par un changement subit de costume ; ils aiment les couleurs éclatantes, les bijoux voyants, et s'en parent aussitôt qu'ils peuvent ; quand ils sont pauvres et demi-nus, qu'ils n'ont point trouvé l'occasion d'un méfait de quelque importance, ils achètent à bas prix dans des boutiques de rencontre la première défroque venue qui les met du moins à l'abri de la pluie et du froid. Il est une sorte de hangar tout rempli de guenilles, qu'ils appellent la confection, et où ils vont plus volontiers qu'ailleurs choisir des bardes de hasard ; ce magasin est situé à la limite de l'ancien Paris, dans un quartier fort mal hanté, et se distingue par une pancarte sur laquelle on peut lire : Aux deux drapeaux ; le père Bigolo habille un homme des pieds à la tête pour 1 fr. 90 cent. Bien souvent c'est l'attrait de la toilette, — et quelle toilette ! — qui entraîne les femmes au crime. Dans la nuit du 21 au 22 septembre 1846, une veuve nommée Mme Dackle, assez riche, fut assassinée rue des Moineaux, n° 10. Après bien des recherches pénibles et infructueuses, on finit par s'emparer de tous les coupables, parmi lesquels figurait une femme Dubos.

Quand on lui demanda pourquoi elle avait aidé au meurtre, elle répondit simplement : Pour avoir de beaux bonnets ! — Chez ces êtres malsains, il existe parfois d'étranges délicatesses. Vers 1833, Lacenaire, qui avait une fort belle écriture, était employé chez un entrepreneur de copies ; il avait sans doute commis plusieurs crimes, car il était connu déjà ; sous le nom de Gaillard ; il dînait fréquemment dans un petit restaurant où des artistes, des clercs d'huissiers, des débutants littéraires, venaient prendre leur repas. Un jour, deux auteurs dramatiques d'un ordre peu élevé firent prix avec lui pour la transcription d'un drame. Le lendemain, Lacenaire leur remit le manuscrit en déclarant qu'il ne voulait pas le copier. « J'ai lu la pièce, dit-il, et je la trouve trop bête. »

On croirait, à voir l'insensibilité absolue de certains criminels, qu'ils sont nés hors de l'humanité, comme des animaux malfaisants doués de parole et destinés à épouvanter les hommes par des actes incompréhensibles. Boutillier, âgé de vingt-un ans, frappe sa mère de cinquante-six coups de couteau, puis, comme il se sent fatigué, il se couche sur le lit à côté du cadavre, et, — je cite son expression, — passe une bonne nuit. Qui ne se souvient de ce Castex, — à peine un jeune homme, — qui étrangle et écrase, près de Saint-Denis, un enfant de trois ans ? Dans des cas pareils, en présence d'une perversité si profondes si radicale, si prématurée, est-ce bien à la justice qu'il faut livrer de tels monstres, et n'appartiennent-ils pas de droit, par suite d'une lésion des organes de l'intelligence, aux médecins aliénistes ? Une telle suppression des sentiments les plus simples est rare chez les jeunes gens ; elle se rencontre plus fréquemment chez les vieillards, chez ceux qui, passant selon l'occasion des délits aux crimes, du vol au meurtre, ne redoutent plus rien. Pour ceux-là, ils font un métier qui a des chances bonnes ou mauvaises ; ils parlent de leur état comme un artisan parlerait de sa profession. Ont-ils une âme ? On en peut douter à les entendre, et quand ils meurent, on est tenté de se demander si ce n'est pas simplement une machine violente qui cesse tout à coup de fonctionner. Un vieux Juif nommé Cornu, ancien chauffeur, se promenait un jour de beau temps aux Champs-Elysées. Il est rencontré par de jeunes voleurs, grands admirateurs de ses hauts faits, qui lui disent : « Eh bien ! père Cornu, que faites-vous maintenant ? — Toujours *la grande soulasse*, mes enfants, répond-il avec bonhomie, toujours *la grande soulasse.* » La grande soulasse, c'est l'assassinat suivi de vol. Verdure va voir son propre frère monter sur l'échafaud, où l'avait conduit une longue série de crimes. En revenant de l'exécution, il entre dans un cabaret où l'attendaient plusieurs de ses camarades, et leur fait voir en riant quatre montres et une bourse qu'il a soustraites aux curieux pendant que le bourreau accomplissait sa sinistre besogne. Il est certain qu'il y a dans les cages du Jardin des Plantes des animaux plus humains que ces hommes-là.

Les mauvais chemins mènent aux fondrières, disent nos paysans ; les malfaiteurs le savent, et la route qu'ils suivent conduit invariablement à la prison, aux maisons centrales, aux bagnes, aux colonies pénitentiaires, à l'échafaud. Ceux qui, à force d'astuce ou par suite d'une chance particulière, ont réussi à échapper à la police, qui les guette, et à la justice, qui les réclame, sont singulièrement rares, et parmi eux il faut citer un homme qui eut son heure de célébrité il y a vingt-cinq ans environ. Il se nommait Piednoir. Ce n'était point un assassin, il connaissait le code et ne risqua jamais sa tête. Il se contentait de voler avec effraction ou fausses clés ; mais il était passé maître en son art, il déjoua toutes les recherches, et du 10 octobre 1834 au 22 août 1843 il sut échapper aux suites de vingt-un mandats d'arrestation. Il avait d'excellentes manières, menait une vie élégante, et regrettait amèrement d'avoir eu les oreilles percées dans son enfance, ce qui, disait-il, lui donnait l'air un peu commun. Il employait des voleurs en sous-ordre à préparer une affaire, et lorsqu'elle était suffisamment *nourrie*, il mettait lui-même la main à la besogne. Le coup terminé, il distribuait les parts en se réservant celle du lion. Aux débats, ses complices montrèrent un dévouement extrême. Un seul déclara qu'en deux circonstances il avait été en rapport avec lui pour en recevoir des instructions relatives à un crime projeté. La première fois, au coin de la rue Saint-Nicolas ; il fut abordé à onze heures du soir par Piednoir, vêtu en chiffonnier ; la seconde fois, ce fut devant le Café de Paris, où Piednoir allait dîner : le voleur fashionable descendit de son tilbury, et jeta à son complice, vêtu en pauvre, une pièce de deux sous enveloppée d'un morceau de papier sur lequel quelques renseignements étaient écrits, Piednoir, contumace, fut condamné à vingt ans de travaux forcés. Il a aujourd'hui cinquante-cinq ans, et vit fort à son aise dans une grande ville de Hollande.

Lorsqu'on voit ces gens-là de près, qu'on cause avec eux et qu'on connaît leurs antécédents, on est toujours surpris de leur trouver des visages pareils à ceux des autres hommes. Il semble que tant de vices, tant de pensées toujours mauvaises, devraient modeler les traits d'une certaine manière et leur donner une apparence spéciale qui serait le reflet et l'indice d'une âme absolument pervertie. Il n'en est rien ; la plupart des faces sont, à l'état de repos, vulgaires et sans expression, quelques-unes sont fort douces et plusieurs agréables. Presque tous ces tristes personnages ont l'air misérable et commun ; mais quelques-uns ont une distinction native ou factice qui ne les rend que plus redoutables. — Mitifiau, qui prenait le titre de comte de Belair et se donnait pour le fils d'un général mort sous le premier empire, était un homme de manières irréprochables ; il allait dans le monde, — j'entends le meilleur, celui qui se prétend exclusivement la bonne compagnie ; — il y vivait d'escroqueries, de vols habilement dissimulés, de bonne fortune au jeu (c'était le temps de l'écarté). Un jour, voulant tenter une plus grosse aventure, il fut arrêté au moment où il commettait un vol à l'aide de fausses clés. Sa prison faite, il revint à Paris, et tomba dans la dernière abjection. — Quelques-uns sembleraient devoir être pour jamais arrachés au crime par les goûts élevés qu'ils professent et les occupations intellectuelles qui les sollicitent ; mais les instincts mauvais prennent le dessus et les jettent dans une vie déshonorante. C'est ainsi qu'un mathématicien adonné aux plus hautes sciences et ne rêvant que spéculations abstraites fut condamné à sept ans de réclusion pour vol avoué dans un magasin. L'éducation, l'instruction, les bons exemples sans cesse offerts par la famille, s'émoussent sur certaines natures. Qui ne se souvient de ce riche orfèvre qui, s'apercevant qu'il était fréquemment volé, s'embusque près de sa caisse, tire un coup de fusil sur un homme qui ouvrait la serrure, et reconnaît son propre fils dans le voleur qu'il vient de tuer ? Il faut parfois toute la sagacité et l'absence d'illusions qui distinguent les hommes de la police pour qu'un malfaiteur ne parvienne point à se dissimuler derrière les apparences qu'il a su dresser devant lui. On s'étonna, il y a quelques années, lorsqu'on arrêta, route de la Révolte, dans une fort belle villa, un certain Toupriant, qui, rue Verte, n° 28, possédait une écurie de huit chevaux et des voitures du faiseur à la mode. C'était un ancien commis papetier qui *nourrissait les affaires*, n'opérait qu'à coup sûr, dirigeait de jeunes bandits dont il faisait l'éducation, et qui, sous un faux nom, vivait très largement, avait des chasses et pariait aux courses. N'en était-il pas ainsi de Giraud de Gatebourse, dont l'histoire est d'hier, et chez qui les représentants de l'autorité ne dédaignaient point d'aller dîner de temps à autre ?

Il y a des familles qui, par une sorte de tradition lamentable, semblent vouées au vol de génération en génération. L'aïeul volait, le père a volé, le fils vole, le petit-fils volera. Dès ses premières années, l'enfant est dressé ; on lui apprend à marcher sans bruit, à voir sans paraître regarder, à ouvrir une serrure avec un clou, à cacher l'objet volé, à crier lui-même au voleur quand il est poursuivi. Les familles Piednoir, Cœur-de-Roy, Nathan, ont fait le désespoir de la police et lassé les tribunaux. Les condamnations qui ont atteint les Nathan, père, mère, frères et gendres, — en tout quatorze personnes, — représentaient un total de deux cent neuf années de prison. Ce sont les Juifs principalement qui, se livrant à des méfaits humbles, mais incessants, accomplissent ces sortes de fonctions héréditaires. Ils sont à craindre, non par leur audace, car rarement ils assassinent, mais par leur persistance dans le mal, par l'inviolable secret qu'ils gardent entre eux, par la patience qu'ils déploient et les facilités qu'ils trouvent pour se cacher chez leurs coreligionnaires. Les voleurs juifs se mettent rarement en guerre ouverte contre la société ; mais ils sont toujours en état de lutte sourde : on dirait qu'ils prennent une revanche, qu'ils sont dans leur droit et qu'après tout ils ne font que ressaisir, lorsque l'occasion se présente, un bien dont leurs ancêtres ont si souvent et si violemment été dépouillés par les nôtres. Parfois ils se réunissent en bandes et font le vol en grand, comme on fait le négoce ; ils ont leurs correspondants, leurs entrepôts, leurs acheteurs, leurs livres de commerce. C'est ainsi que procédaient les Nathan, dont je viens de parler, les Klein, les Blum, les Cerf, les Lévy. Tout leur est bon, les plombs détachés des gouttières aussi bien que les mouchoirs enlevés d'une poche ; le chef prend généralement le titre de commissionnaire en marchandises, et fait des expéditions vers l'Amérique du Sud, l'Allemagne et la Russie. Le jargon héhraïco-germain qu'ils parlent entre eux est incompréhensible et sert encore à égarer les recherches. Ils sont les premiers receleurs du monde, et dissimulent leurs actions derrière un métier ostensiblement exercé.

Tous les malfaiteurs ne sont pas voleurs de naissance, et, si beaucoup sont nés honnêtes, il faut attribuer aux mauvais exemples la vie coupable où ils finissent par se complaire. Ceux qui, comme Lapommeraye, comme Firon, débutent par l'assassinat, représentent des cas isolés sur lesquels il est bien difficile de baser une théorie. L'éducation est lente, successive, et l'échafaud a bien des marches qu'il faut franchir une à une avant d'arriver sur la terrible plate-forme. L'enfant fait l'école buissonnière, il prend l'habitude de la paresse et du jeu : il rentre tard, il est battu par son père, et jure qu'on ne l'y reprendra plus ; mais il a goûté de cette liberté malsaine qui l'éloigne des livres ennuyeux, du pédadogue, de la maison sévère : il recommence. Il se rappelle la correction paternelle, il n'ose rentrer ; il va coucher à l'abri d'une porte ; s'il échappe aux rondes de sergents de ville, il se retrouve au point du jour sur le pavé de la grande ville sans sou ni maille ; il a faim, il vole un saucisson chez un charcutier. Le premier pas est fait ; il a, tout petit qu'il est, acquis une funeste et décevante expérience ; il vient de terminer tout un apprentissage, il comprend le gain sans travail et s'aperçoit qu'on peut posséder sans acquérir. Dès lors, presque toujours, à moins de circonstances singulièrement favorables, il est perdu ; le vice l'a pris et le crime l'attend. L'âge vient, les passions de la jeunesse le sollicitent et le poussent. Il vole de l'argent, chez son père d'abord, chez son patron, dans une boutique ouverte ; s'il est pris, il passe en jugement ; on a pitié de son âge, qui plaide pour lui ; il reste deux ans en prison, deux ans pendant lesquels il vit avec ce que la société a de pire, dans des préaux où il n'entend que forfanteries criminelles, car là c'est à qui se vantera des plus effroyables actions ; comme un apprenti qui veut passer maître, il se parfait en son art. Au sortir de la prison, il retrouve ses camarades. Les timides opérations d'autrefois sont tournées en risée. On rêve des vols avec effraction, de grosses affaires qui font courir un risque sérieux, mais rapportent du moins d'importants bénéfices. Le crime est résolu, un imprudent en est témoin par hasard, il crie au voleur, il est tué, et le petit vagabond d'autrefois, devenu assassin, s'en va retrouver sur la guillotine le monde inexplicable des Castaing, des Avril et des

Norbert. Énergie physique et défaillance morale, tels sont les deux traits principaux qu'on retrouve chez presque tous les criminels. Quelques-uns, prenant le banc des accusés à la cour d'assises pour une sorte de piédestal, affectent des attitudes théâtrales. Comme Lacenaire, ils veulent élever leurs instincts pervers, leur lâcheté devant le travail quotidien, leur énergie passagère pour le meurtre, leur faiblesse constitutionnelle dont ils ne savent sortir que par des accès de frénésie, ils veulent dans un langage déclamatoire élever toutes ces hontes à la hauteur d'un principe et dire qu'ils sont en guerre avec une société où le pauvre ne trouve pas sa place. Impudences et sottises que tout cela ! Dans une nation aussi profondément démocratique que la nôtre, où des garçons de café sont devenus rois, où des fils d'aubergistes ont été ministres, où des enfants trouvés ont été des savants illustres, il y a place pour tout le monde. Les théoriciens du vice à outrance et du crime par compensation ne sont même pas dupes de leur propre mensonge : ils ont volé, ils ont assassiné, parce qu'ils étaient des misérables, et ils le savent bien.

Section II

Ainsi qu'un peuple issu d'une même famille, les voleurs ont un langage commun, langage pittoresque, très imagé, qui a fait des emprunts à bien des dialectes, et dont les origines semblent remonter aux bandes, aux compagnies franches qui se formèrent en France après la destruction de notre chevalerie dans les grandes défaites du XIVe et du XVe siècle. C'est l'*argot*, la langue qu'on parle lorsque l'on est monté sur le navire qui va vers la conquête de la toison d'or. Il est de mode aujourd'hui, tant nos mœurs ont subi de dépression, de se servir de ces termes sales et violents qui, toute comparaison gardée, ont quelque chose du velu hideux de l'araignée. Ceux dont les pères étaient des raffinés et des lions, et qu'à cette heure de décadence on nomme des *petits crevés*, — se font gloire de parler le langage des voleurs par forfanterie, par dédain des usages imposés qu'ils subissent servilement dans le monde, et aussi parce qu'ils vivent dans la familiarité de filles sans éducation, plus ou moins mêlées aux voleurs, lorsqu'elles ne sont pas voleuses elles-mêmes. Beaucoup de mots encore employés par la population des bagnes et des tapis-francs viennent de la langue calo, usitée parmi ces *rômes* errants qui, selon qu'ils sont aux Indes, en Hongrie, en Espagne, en Angleterre, en France, s'appellent brindjaries, tsiganes, zingari, gypsies, bohémiens, et que les voleurs appellent les *romanichels*. C'est la langue du vol et du vagabondage par excellence ; il n'est donc pas surprenant qu'elle ait livré quelques-uns de ses éléments au jargon des malfaiteurs de Paris. Parfois les vocables sont pris à des idiomes étrangers ; le forçat qui fait au bagne l'office de bourreau est le *boye*, de l'italien *boja* ; le maître est dit le *meg* ou le *mek*, contraction du latin *magus* ou de l'arabe *melek* (roi) ; *rédam*, qui veut dire grâce, vient du latin *redimere* ; l'exécuteur des hautes œuvres a gardé, pour beaucoup de criminels, le nom qu'il portait officiellement pendant le moyen âge, *tollard*, — *a tollendo, quia tollit e vivis*, dit Henri Estienne. Pour ces hommes qui passent leur vie entre le crime et le châtiment, les années ne s'écoulent pas ; on les gravit à travers des difficultés de toute sorte, sans cesse renouvelées, haletant et sous peine de l'existence ne pouvant prendre de repos ; aussi les appellent-ils des *berges*, du mot allemand *berg*, qui signifie montagne. Parfois l'énergie du mot créé de toutes pièces, sans antécédents, pour répondre à un fait accidentel, est terrible : les chauffeurs étaient surnommés *suageurs*, ceux qui font suer. Souvent le mot comparatif est si juste, si précis, qu'on en reste étonné : l'*huile*, c'est le soupçon ; *judacer*, c'est dénoncer quelqu'un en faisant semblant d'être son ami. Ce qui prouve que la forfanterie des malfaiteurs n'est pas toujours bien réelle et qu'ils ont des heures où le remords les travaille, c'est que, lorsqu'un voleur redevient honnête homme, on dit de lui qu'il *s'est rengracié*, qu'il est rentré dans sa propre grâce. Ces malheureux ont une idée très nette de la cour d'assises, des efforts que tout le monde y fait pour découvrir la vérité et pour appliquer la loi avec équité, car ils l'ont nommée *la juste*. Le plus souvent l'expression est assez spirituelle et fait image : *balancer le chiffon rouge*, parler ; la *tour de Babel*, le corps législatif ; le *four banal*, l'omnibus ; *la harpe*, le grillage en barres de fer qui garnit les fenêtres des prisons ; *une négresse* est un paquet de marchandises enveloppé de toile cirée ; le *sans-dos* est le tabouret sur lequel le condamné s'assoit lorsqu'on lui fait *la toilette* ; les *batteurs de dig-dig* représentent ces industriels que le moyen âge appelait *sabouleux*, qui, avec un morceau de savon dans la bouche, écument, se roulent par terre comme des épileptiques, de façon à provoquer la charité des passants et à vider les poches, si l'on s'empresse de les secourir de trop près. Le commissaire de police est le *quart d'œil*, et fouiller pour voler se dit *faire le barbot*. Le président de la cour d'assises est appelé *Léon*, vieille tradition du droit coutumier, car le siège des seigneurs justiciers était le plus souvent porté sur deux lions, emblème de force et de puissance ; dans bien des chartes ecclésiastiques, on retrouve des jugements précédés de la formule : *nostro abbate sedente inter leones*. Les gendarmes sont les *marchands de lacets*. Autrefois la guillotine était l'*abbaye de monte-à-regret* ; mais depuis qu'on la dresse sur la place de la Roquette et qu'afin de la mettre d'aplomb on l'appuie sur cinq dalles placées au milieu du pavage, on la nomme « l'abbaye de cinq pierres, » comme « aller à Niort » veut dire nier. Il est une expression saisissante qui jette sur l'existence de ces fugitifs toujours poursuivis et toujours affamés un jour tel qu'elle en reste éclairée jusque dans ses profondeurs les plus ténébreuses ; pour eux, le banc des accusés à la cour d'assises se nomme « la planche au pain. » Il y a là un aveu implicite de tant de souffrances et de tant de misères qu'on se sent atteint par une commisération involontaire.

Parler ce langage, c'est *jaspiner bigorne*, textuellement aboyer l'enclume, et les voleurs le possèdent dans toutes ses nuances ; il ne faudrait pas croire d'après cela qu'ils vivent mêlés, sans distinction et sans hiérarchie. Loin de là ; ces artisans du mal se divisent et se subdivisent à l'infini. Chaque genre de vol représente une catégorie d'individus presque exclusive. Ils sont en ceci semblables aux corps d'état, qui se respectent, se dédaignent mutuellement, et n'empiètent jamais les uns sur les autres. Les malfaiteurs qui pratiquent habituellement plusieurs espèces de vol sont rares, presque toujours au contraire ils se sont renfermés dans une spécialité où ils finissent par acquérir une adresse prodigieuse. Il y a autant de diversités dans le vol qu'il y en a dans le travail. Les voleurs ne l'ignorent pas, et lorsque l'un d'eux dit : Je n'ai pas travaillé aujourd'hui, cela signifie simplement qu'il n'a trouvé aucune occasion de voler. Les plus nombreux et les plus dangereux peut-être, car on ne s'en méfie guère et nous les coudoyons tous les jours sans les soupçonner, fréquentent les théâtres, les stations d'eaux, sont empressés, insinuants et polis ; ils se nomment *les faiseurs.* Ceux-là n'enlèvent pas la montre des passants et ne *cassent* pas les boutiques fermées ; non, ils laissent ces actions compromettantes au menu fretin de l'espèce ; ils sont gens de bonnes façons et opèrent avec moins de brutalité. Ils vivent dans les quartiers du gros commerce, et ils y ont quelque part, à l'entre-sol, un bureau muni de registres, de grillages, sur lequel le mot *caisse* est écrit en grosses lettres. Ils sont fort enclins à faire des annonces à la quatrième page des journaux pour appeler les capitaux et promettre des bénéfices sans pareils. Les dupes arrivent, se laissent prendre à l'appât, sont ruinées, et se contentent de geindre en disant : J'ai fait de fausses spéculations. Les faiseurs excellent à acheter à terme et à vendre au comptant, et lorsqu'on vient pour toucher le montant du billet qu'ils ont souscrit, on trouve que l'appartement est à louer et que le locataire est parti sans laisser sa nouvelle adresse. Ils essaient de tout : bourse, banque, négoce, commandite, journalisme, fournitures, toujours avec mauvaise foi, toujours avec l'intention préconçue de tromper qui les aborde ; ils n'hésitent même pas, ainsi qu'on l'a vu dans un procès resté célèbre, à revêtir l'uniforme de général et à se donner pour aide-de-camp du ministre de la guerre. Lorsqu'ils ont besoin de valeurs représentatives, ils fabriquent des billets à ordre et les font endosser par des gens dont c'est à peu près l'unique métier, et qu'on paie, selon l'importance de l'effet, depuis 20 centimes jusqu'à 5 francs par signature. Ces sales tripotages se font presque publiquement, tous les jours, sous nos yeux, et deux vastes cafés situés à proximité des quartiers les plus riches vivent d'une clientèle presque exclusivement composée de ces coquins. Quelques-uns sont devenus millionnaires ; mais la plupart, louvoyant sans cesse entre la police correctionnelle et la cour d'assises, finissent par tomber dans l'une ou dans l'autre, et s'en vont méditer au milieu du silence des maisons centrales sur les montres en racines de buis, sur les assurances mutuelles contre le choléra qu'ils avaient inventées. Le type de ces hommes est bien connu depuis que Daumier les a symbolisés dans sa création de Robert-Macaire. Ils sont aujourd'hui plus nombreux que jamais.

Le fameux Vidocq estime que de son temps ils levaient un impôt de 70 millions sur la bourse des Parisiens. Qu'est-ce donc à cette heure que les affaires ont pris une extension si considérable ? Il faut dire que les victimes sont peu à plaindre ; c'est tout bénéfice en faveur de la morale lorsqu'on est trompé, volé, dépouillé, pour avoir cherché des gains excessifs. Les *faiseurs*, escrocs, filous, faussaires pour la plupart, forment l'aristocratie du genre voleur. Ils vivent bien, jettent l'argent par les fenêtres, recherchent les filles à la mode, sont habitués de l'Opéra et mangent dans les restaurants célèbres ; mais lorsque percés à jour, démasqués, évitant la prison par miracle, ils se voient sans crédit, sans ressources, que deviennent-ils ? S'ils n'ont point une maîtresse qui les aide à vivre, ils se font vendeurs de contre-marques, marchands de vieux habits, de chaînes de sûreté, ou photographes, Dans ce dernier cas, les images qu'ils reproduisent sont d'un ordre tel que la police se mêle activement de leurs affaires. Us-apprennent alors à leurs dépens ce qu'il en coûte d'outrager la morale publique, sous prétexte de photographies destinées au Brésil et au Pérou.

Les *drogueurs de la haute* ou *francs-bourgeois* sont les mendions qui savent s'introduire dans les maisons et prennent la profession des personnes qu'ils sollicitent. Ils acceptent humblement la moindre aumône, et, si l'on n'y prend garde, décrochent volontiers la montre qui est pendue à la cheminée. Le comédien ruiné par l'incendie du théâtre, l'ecclésiastique humble et quémandeur qui a fait vœu de se rendre à pied jusqu'à Rome, l'homme de lettres fatalement entraîné dans la faillite de son éditeur, le négociant qui a eu des malheurs, l'ancien instituteur que des infortunes de famille et sa vertu ont réduit à la misère, sont des *drogueurs de la haute* ; ils ne marchent que munis de certificats en règle et de recommandations dont les signatures n'ont pas toujours une pureté irréprochable. Les *chineurs* viennent à domicile offrir des étoffes que des circonstances exceptionnelles permettent de céder à très bas prix. Les femmes, tentées par le bon marché, se laissent prendre volontiers A ce genre d'escroquerie ; mais elles ne tardent point à s'apercevoir que les mouchoirs ou les fichus achetés ainsi ne sont plus qu'une loque informe après la première lessive. Les marchands de vin, les traiteurs, sont exposés à un genre de vol qui se renouvelle tous les jours. Un individu s'attable, dîne bien et déclare après le dessert qu'il n'a pas d'argent. Le plus souvent, pour éviter le scandale, on se contente de le mettre à la porte avec une bourrade. — Le vol *au poivrier* est très fréquent ; il est généralement le début de ceux qui se destinent à la culture du bien d'autrui. Un poivrier, c'est un homme ivre. Le pauvre diable, trébuchant sous le poids de l'ivresse, s'en va le long des boulevards extérieurs, se tenant aux maisons, oscillant et cherchant un point d'appui. Il avise un banc, s'y assied, s'y raffermit, s'y endort, un filou passe, et sous prétexte de porter secours à l'ivrogne, de le placer plus commodément, loin des voitures qui pourraient l'atteindre, le dévalise, et s'en va. — L'homme adroit, habile de ses mains, assez preste pour se dérober, assez hardi pour aborder les difficultés de front, se fait *tireur*, et dans cette tourbe devient une sorte d'artiste, de prestidigitateur élégant, qui méprise la violence et estime que la dextérité suffit. C'est dans les foules, à la sortie des théâtres, aux expositions, aux bureaux des omnibus, dans les gares de chemins de fer qu'on le rencontre ; ses mains agiles et déliées entrent dans les poches et en *tirent* les porte-monnaie, les montres, les portefeuilles. On ne sent même pas un frôlement. On prétend que le requin est toujours précédé par de petits poissons qui lui tracent sa route et lui indiquent sa proie. Il en est de même d'un bon *tireur* ; il est toujours escorté par quatre ou cinq *moucherons* (gamins) qui, d'un geste ou d'un mot, lui désignent les personnes sur lesquelles il peut exercer son adresse. Quelques-uns de ces voleurs sont tellement habiles qu'ils font *la tire à la chicane*, c'est-à-dire, en tournant le dos à l'individu qu'ils dépouillent. L'un d'eux, Mimi Lepreuil, a laissé à la préfecture de police le souvenir d'un homme incomparable ; on l'avait surnommé « la main d'or. « Il était connu, surveillé spécialement, et jamais on ne parvint à le prendre sur le fait. Il s'était retiré des affaires et jouissait d'une quinzaine de mille livres de rente provenant de ses innombrables vols ; mais je doute que la fortune lui ait été fidèle, et, si je ne suis abusé par une similitude de nom, je crois que, tombé dans la misère sur ses vieux jours, il devint dénonciateur. Ce Mimi Lepreuil est le héros d'une anecdote qui prouve son impudence. Le jour où M. Rodde se fit crieur public sur la place de la Bourse, la foule conviée à ce spectacle était immense. Un agent de police en surveillance politique reconnaît Mimi Lepreuil et veut le faire partir. Le voleur refuse de s'éloigner sous le prétexte assez plausible que le pavé appartient à tout le monde ; l'agent insiste avec quelque brutalité de langage, et Mimi Lepreuil impatienté lui répond : Laissez-moi donc tranquille avec vos républicains ; j'ai fouillé plus de cinq cents poches, et je n'y ai pas trouvé un sou.[1]

Le vol *à la détourne* et le vol *à l'étalage* se font l'un dans l'intérieur des magasins et l'autre à l'extérieur, ainsi que le nom l'indique. Le premier est exercé surtout par les femmes, et, pour bien l'exécuter, il est indispensable qu'elles soient deux. L'une occupe le marchand, se fait montrer les étoffes, les manie, les examine, discute le prix, ne peut se décider à faire un choix, et pendant ce temps l'autre fourre prestement sous son manteau, parfois dans d'énormes poches qui entourent sa jupe, les coupons sur lesquels elle a jeté son dévolu ; Ce genre de vol porte chaque année un préjudice considérable au commerce de Paris. La plupart des voleuses *à la détourne* sont en relation avec les marchandes à la toilette, et c'est ainsi que ces dernières peuvent souvent donner à bas prix des étoffes neuves qu'elles ont obtenues, disent-elles, en échange de sommes prêtées qu'on n'a pu leur rendre. Le vol *à l'étalage* se fait en plein jour, sous les yeux de la foule, avec tant d'habileté qu'on en reste confondu. Parfois un individu écréme en une journée tout le quartier qu'il parcourt. Le 24 octobre 1861, on arrêta un jeune homme de vingt-trois ans que je ne puis nommer, car il a fait son temps de prison, purgé la surveillance à laquelle il avait été judiciairement soumis, et il dirige aujourd'hui à Paris un établissement de quelque valeur. On trouva sur lui un porte-cigares, une montre, une canne, une bague, un portefeuille, des bottines ; tous ces objets étaient neufs. Il avoua qu'il avait volé les bottines rue Neuve-des-Petits-Champs, le portefeuille galerie Montpensier, la bague boulevard des Italiens, la canne faubourg Montmartre, la montre passage du Saumon, et le porte-cigares passage des Panoramas. Parfois le vol *à l'étalage* se fait en partie double. Un voleur enlève un objet quelconque et se sauve ; dès qu'il est hors de vue, son complice, qui est resté près de la boutique, dit au marchand : On vient de vous voler, l'homme est là-bas. — D'un coup d'œil, le boutiquier reconnaît que l'objet désigné lui manque, et se jette, en criant au voleur, à la chasse d'un passant sur lequel on détourne son attention. Chacun le suit, le magasin reste vide ; le dénonciateur y entre alors et emporte sans être inquiété tout ce qu'il trouve à sa convenance.

---

1 Gisquet, *Mémoires*, t. IV, p. 392.

Les marchands en boutique sont encore victimes de bien d'autres inventions, car ils sont le point de mire de la plupart des malfaiteurs parisiens. Le vol *à la rade* ou *au radin* se fait le soir, vers onze heures, à l'instant qui précède la fermeture des volets. Au moment où les garçons, occupés à ranger les marchandises, ont le dos tourné, où le patron, debout dans un coin, vérifie son livre de caisse, un gamin se glisse sous le comptoir sans être aperçu, détache *la rade*, c'est-à-dire le tiroir qui contient la recette de la journée, profite d'une minute opportune pour s'échapper et remettre son butin à un complice qui l'attend en regardant la devanture. Les pertes que fait éprouver ce genre de vol ne sont jamais bien considérables ; mais le *vol à la vrille* a souvent des résultats désastreux, car lorsqu'il est bien mené, il permet de dévaliser complètement un magasin. Sous prétexte d'achats, un voleur entre pendant le jour dans la boutique, il en examine avec soin la topographie, il regarde où est située la caisse, où sont les marchandises riches, s'il n'y a pas de sonnette correspondant de la porte d'entrée aux appartements intérieurs ; puis, la nuit close, à cette heure où les Parisiens dorment, où les voitures de place sont remisées, où les rues sont désertes, où le gaz donne une clarté propice, il revient avec des compagnons. Dans le volet souvent doublé de fer, on perce à l'aide d'un vilebrequin une série de trous serrés les uns contre les autres, qui permettent d'enlever une plaque circulaire assez large pour laisser pénétrer un enfant, et juste en face de la serrure, qui est promptement crochetée. Par l'ouverture, on fait glisser un *raton*, gamin alerte et mince. D'après les indications qui lui ont été minutieusement répétées, il s'empare des marchandises et les passe à ses complices. Parfois, lorsque les objets offrent un certain volume, le *raton*, une fois entré, ouvre la porte toute grande, fait sauter les clavettes qui ferment les volets, et alors on opère à l'aise ; tout le monde, sauf ceux qui font le guet, met la main au déménagement, qui est bien vite terminé. On charge les dépouilles sur une charrette à bras, et les bandits s'en vont paisiblement comme des commissionnaires attardés. Quelques-uns de ces malandrins ont poussé l'impudence jusqu'à enlever de ces énormes caisses de fer à l'aboi de l'incendie et dont les serrures sont des chefs-d'œuvre. Ils les emportaient dans quelque enclos désert, et les défonçaient à coups de merlin. Ce vol était assez fréquent autrefois à Paris, lorsque les patrouilles, marchant d'un pas sonore et cadencé, annonçaient de loin leur approche et permettaient aux malfaiteurs bien avisés de fuir en temps utile ; mais il est devenu fort rare, grâce aux rondes muettes de sergents de ville qui parcourent les rues à toute heure de nuit et de jour.

Les *casseurs de portes*, gens violents qui ne reculeraient pas devant l'assassinat, se jettent au milieu de la nuit sur une porte de boutique, la brisent, entrent dans le magasin, font main basse sur tout ce qu'ils rencontrent, et se sauvent avant qu'on ait pu donner l'alerte. Moins brutaux sont les *carreurs*, Juifs d'origine presque tous, et qui, humbles, polis, élégants même, évitent d'employer les moyens excessifs qui peuvent conduire à d'irrémissibles châtiments. Le *carreur* est bien mis, il affecte ordinairement un accent étranger, et se présente chez un joaillier pour voir des diamants non montés, ce qu'on appelle des pierres sur papier. On déplie les frêles enveloppes qui renferment parfois plusieurs centaines de brillants. Le *carreur* est toujours myope. Il examine les pierres avec une attention extrême, de près, de très près, de si près qu'il les touche avec le bout de son nez. Or son nez est enduit de cire vierge, et quelques diamants y restent collés ; ils passent promptement dans la manche du filou. D'autres fois il les enlève d'un coup de langue rapide et précis, ou les retient dans le creux de sa main, garni de gomme adragante. Lorsque le *carreur* travaille chez un bijoutier en boutique, le procédé est autre et exige un complice. Pendant qu'il fait son choix parmi les bagues ou les épingles qu'on a étalées devant lui, un mendiant se présente à la porte et demande l'aumône en nasillant. Le *carreur* a bon cœur, et l'infortune a le don de l'émouvoir. Avec un geste de commisération, tout en se plaignant de la police qui laisse circuler tant de vagabonds dans nos rues, il jette deux sous au pauvre et lui lance en même temps un bijou de prix. Le tour est fait, et le mendiant improvisé n'est pas long à disparaître. Si le marchand s'aperçoit de la soustraction, le *carreur* jette les hauts cris et demande à être fouillé. Comme il n'a rien sur lui, on se confond en excuses, et il s'éloigne en disant au pauvre boutiquier : Monsieur, c'est ainsi qu'on perd ses meilleurs clients ! Le vol commis il y a peu d'années au préjudice d'un bijoutier du Palais-Royal, et dont la valeur montait à plus de 100,000 fr., était le fait de deux *carreurs* sur lesquels on n'a pu mettre la main.

Les *roulotiers* vont par les rues *à la rencontre*, c'est-à-dire au hasard. Quand ils aperçoivent une *roulotte*, un camion ou une voiture chargée de colis ou de bagages ; ils la suivent, et si le conducteur l'abandonne un instant, si les sergents de ville ne sont point en vue, si en un mot l'occurrence paraît favorable, ils détachent un ballot, une malle, une caisse, se jettent dans la première rue détournée qui s'offre sur leur chemin, et s'en vont lentement comme des hommes fatigués par le fardeau qu'ils portent. Avant l'établissement des chemins de fer, les voleurs à la *roulotte* s'adressaient de préférence aux malles-poste, et y trouvaient parfois des aubaines inespérées. Sous le premier empire, un *roulotier* prit une vache sur l'impériale d'une voiture de voyage conduite à grand fracas et qui venait d'entrer à Paris par la barrière d'Italie. Dans cette malle, timbrée d'armes royales, il trouva beaucoup d'objets de prix et entre autres le diadème de la reine de Naples. Il en ignorait la valeur, de plus, il était amoureux et galant ; il le donna à sa maîtresse, une fille publique, qui le porta au bal de la rue Frépillon, sorte de bouge à bandits situé cour Saint-Martin. La parure y fut reconnue, et on la réintégra dans le trésor du roi Joachim. Il y a quelques semaines, trois jeunes *roulotiers* en quête d'aventures avisèrent un camion qui, chargé de caisses en bois blanc plombées, sortait de l'hôtel des monnaies. Le roulier s'arrêta chez un marchand de vin ; les voleurs, lestes comme des chats, s'emparèrent d'une des boîtes, filèrent par la rue Guénégaud et disparurent. Le service de sûreté fut prévenu immédiatement ; d'après quelques vagues indices recueillis par un témoin qui avait pris les jeunes drôles pour des ouvriers employés à la Monnaie, on crut deviner les auteurs du méfait. On se rendit dans un taudis de la rue de Venise où les coupables furent arrêtés. Dans leur chambre, on trouva non-seulement la caisse, qui contenait pour 1,500 francs de médailles de sainteté frappées à Paris et destinées à Rome, mais en outre un assortiment complet d'étoffes, de foulards, de mouchoirs en pièce, et même un ballot qui renfermait un millier de cadres passe-partout imitant l'écaille, et qui avait été expédié par un fabricant parisien à un photographe de province.

Tous les voleurs dont je viens de parler appartiennent à la grande catégorie de la *basse pègre* (du vieil italien *pegro*, issu du latin *piger*, fainéant) ; mais je suis loin d'avoir nommé tous ceux qui en font partie. Je n'en finirais pas, si je voulais expliquer les procédés des voleurs à l'*esbrouffe*, à la *poussée*, au *bibi*(dont les enfants sont victimes), à la *broquille* (par l'échange d'un bijou faux contre un bijou vrai), au *rendez-moi*, au *voisin*, à la *ramastique* (qui attrape surtout les amateurs de curiosités), à l'*officieux*, au *pardessus*, à la *valtreuse* (qui est fait par de faux commissionnaires), à l'*apprenti*, à la cire (chez les restaurateurs), à la *vanterne* (quand on s'introduit dans une maison par les fenêtres), à la *nage* (dans les écoles de natation). « J'en passe et des meilleurs » pour arriver aux voleurs de la *haute pègre*, à ceux qui se désignent eux-mêmes avec orgueil sous le nom de grosse cavalerie. Ceux-là sont réservés au moins pour le bagne, car ils pratiquent l'assassinat, non point par goût, ainsi qu'ils ont bien soin de le dire, mais par nécessité. Les plus nombreux sont les *cambrioleurs*. En termes d'argot, *rincer une cambriole*, c'est dévaliser une chambre. On pénètre dans une maison en disant le premier nom venu au portier ; on monte l'escalier ; à chaque étage, on sonne : lorsque la porte est ouverte par un domestique, on en est quitte pour s'excuser ; lorsque nul ne répond à l'appel réitéré de la sonnette, on en conclut que les locataires sont sortis, on ouvre la porte par un moyen quelconque, on *fait le barbot* dans l'appartement, et l'on s'en va les poches bien garnies en ayant soin de se gratter l'oreille avec le petit doigt lorsqu'on repasse devant le portier, de façon à lui cacher sa figure. Les chambres de domestiques situées dans les combles, forcément abandonnées dans le jour et en général fermées par des serrures de pacotille, sont souvent visitées par les cambrioleurs. Pour ces expéditions-là, ils sont ordinairement munis d'un *monseigneur*, sorte de pied-de-biche en fer assez court pour entrer facilement dans une poche, et qui devient entre des mains exercées un puissant levier. Un type tout particulier et vraiment extraordinaire de *cambrioleur* fut Jadin. Si jamais l'expression *homo duplex* put être appliquée à quelqu'un, c'est à cet homme étrange. Il vivait de vol avec effraction, et excellait à faire *le flic-flac*, c'est-à-dire à démantibuler la gâche d'une serrure à l'aide du monseigneur. Quand le hasard l'avait conduit dans une chambre pauvre et dénuée, non-seulement il ne commettait pas de vol, mais il laissait des aumônes parfois assez considérables. Ce bon larron n'en fut pas moins condamné à mort et exécuté pour avoir assassiné une jeune fille qui le surprit pendant une de ses opérations familières.

A côté, mais au-dessus du cambrioleur dans cette sinistre hiérarchie, se place le *caroubleur*, l'homme qui vole à l'aide de fausses clés. Celui-là doit déployer beaucoup de prudence, de patience, d'adresse et de courage. Il faut connaître les habitudes des gens que l'on veut voler, savoir les dispositions générales de leurs appartements, se procurer avec de la cire l'empreinte des serrures, exécuter soi-même les fausses clés afin d'éviter d'être trahi d'avance, choisir l'heure propice pour faire le coup, et même tuer, si l'on est découvert. La plupart des vols commis dans les caisses, dans les bureaux, chez les agents de change, les notaires, les négociants de quelque importance, sont dus à des caroubleurs. Le plus célèbre fut Coignard, le faux comte Pontis de Saint-Hélène, qui, chef de la légion de la Seine, dans une situation vraiment élevée, lié avec les maréchaux de France, admis à la cour de Louis XVIII, qu'il avait suivi à Gand, continuait à diriger sa bande de voleurs, et profitait de ses relations pour opérer à coup certain. Quelques-uns de ces hommes font preuve d'une hardiesse vraiment inconcevable. On a gardé à la préfecture de police le souvenir d'un nommé Beaumont, qui, vêtu d'un habit noir, orné d'une cravate blanche, portant un volumineux portefeuille sous le bras et prenant les dehors d'un magistrat fort affairé, requiert un soldat au poste de la *permanence*, le place en sentinelle devant une porte en lui donnant pour consigne de ne laisser entrer personne, pénètre dans le cabinet de M. Henry, chef du service de sûreté, alors absent, *carouble* toutes les serrures, s'empare du contenu de la caisse, qui renfermait une somme assez ronde, reconduit lui-même le soldat au poste, remercie l'officier de sa complaisance, s'esquive, et écrit le soir à M. Henry pour s'excuser de l'ennui qu'il lui cause. On mit en vain toute la police à ses trousses, et le service de sûreté en fut pour sa courte honte.

Le *sorgueur* nous reporte au temps de Cartouche et de Mandrin ; il connaît les heures du lever et du coucher de *la moucharde* (la lune), car il est avant tout l'homme de *la sorgue* (la nuit). C'est lui qui jadis arrêtait les chaises de poste et les diligences sur les grandes routes, et qui maintenant, forcé de se rabattre sur de plus humbles véhicules, se jette à la tête du cheval attelé à la charrette de la laitière endormie, dépouille les marchands forains et se hasarde quelquefois jusqu'à risquer la lutte avec les rouliers. Celui-là tue aussi lorsqu'il rencontre une résistance inopinée, et il est rare qu'il se mette en campagne sans être prêt à toute éventualité. Le plus connu d'entre eux est Thiebert, dont les exploits rappellent ceux des bandes devenues classiques. Son repaire était situé à Villeneuve-Saint-George ; aidé de ses hommes, il venait attendre les voitures près de Paris, presque au sortir de la barrière, et les dévalisait ; il entrait après cela dans la grande ville, y vivait dans la débauche, et retournait ensuite en expédition. Comme un bon ouvrier, il avait fait son tour de France, suivant les foires, attaquant les commis voyageurs, arrêtant les diligences, pillant les maisons isolées, hardi, solide, rusé, ne reculant devant aucun crime et devenu pour tous un objet de terreur. Il fut arrêté. Le tigre était doublé d'un singe, il avait autant de malice que de férocité. Il comprit qu'il était perdu, que son sanglant passé l'enverrait infailliblement à la guillotine, et du jour au lendemain, de voleur de grandes routes qu'il était, il se fit *coqueur*, c'est-à-dire dénonciateur. Quoiqu'il ne sût ni lire ni écrire, à cause de cela peut-être, il avait une mémoire extraordinaire. Il raconta tous les crimes qu'il connaissait, en nomma les auteurs, dit ce que ces derniers étaient devenus, sous quels noms ils se cachaient, et mit tant de malfaiteurs entre les mains de la justice qu'il évita la mort et ne fut condamné qu'aux travaux forcés à perpétuité. Comme sexagénaire, il est aujourd'hui enfermé à la prison de Belle-Isle. J'ai eu occasion de le voir ; il est très grand, et sa force a dû être prodigieuse ; sa puissante mâchoire inférieure, sa large bouche presque sans lèvres, ses yeux très mobiles et son front fuyant lui donnent l'apparence d'un énorme chimpanzé, apparence que ne dément pas la longueur démesurée de ses bras. L'analogie paraît encore plus frappante à ceux qui connaissent son histoire, car les qualités dominantes qu'il déploya dans la période active de sa vie sont l'astuce et l'agilité.

L'homme qui la nuit se précipite sur un passant, lui demande la bourse ou la vie, l'étourdit d'un coup de pierre ou de bâton, est le *scionneur* ; il est particulièrement dangereux, car il risque sa liberté, son existence même, pour voler. La vie humaine lui paraît chose fort méprisable, il n'en tient compte ; lorsqu'elle le gêne, il la supprime. *J'ai buté un pantre* (j'ai tué un imbécile), dit-il avec autant de tranquillité qu'un autre dirait : J'ai bu un verre d'eau. Ce sont les scionneurs qui parcouraient les bords du canal avant que le boulevard Richard-Lenoir n'en eût si profondément modifié les alentours. Ils procédaient alors par le *charriage à la mécanique*, effroyable invention qu'ils n'ont que trop souvent mise en œuvre. Deux scionneurs réunis avisaient un passant. L'un d'eux lui jetait autour du cou un mouchoir roulé de façon que les deux bouts pendissent sur les épaules, puis, saisissant ces deux bouts avec les mains, il enlevait le patient, dos à dos. Le malheureux à demi étranglé, ne touchant plus terre, se débattait en vain sans pouvoir crier ; l'autre scionneur pendant ce temps visitait les poches, enlevait l'argent, la montre, le portefeuille, en un mot tout ce qu'il pouvait saisir, et d'un coup d'épaule on envoyait la victime dans le canal. Lorsque le scionneur est seul, qu'il se sent le cœur faible et qu'il n'a pas le courage d'attaquer un homme de face, il l'étourdit en le *sablant*. Il tient à la main une peau d'anguille qu'il a remplie de sable fin, et qui, bien maniée, devient une arme terrible, car elle est à la fois très flexible et très lourde. Un seul coup habilement appliqué jetterait un colosse par terre. Quand l'homme ainsi assommé est dépouillés le scionneur vide sa peau d'anguille et s'éloigne, les mains dans ses poches, n'ayant sur lui aucune arme qui puisse faire soupçonner qu'il est l'auteur du meurtre commis.

J'ai nommé les soldats, les sous-officiers, les capitaines ; voici le chef, le plus redouté, celui dont on envie les hauts faits et la gloire ; voici *l'escarpe*, l'assassin. Il faut entendre par là, non pas le voleur qui tue par vengeance ou pour supprimer un témoin, mais l'homme qui, par principe, par habitude ou par calcul, tue d'abord et vole ensuite : Jud., Lacenaire, Poulmann, Firon. Ces monstres sont heureusement fort rares, et la plupart de ceux qui ont eu à raconter devant la cour d'assises la longue suite de leurs crimes ont montré une énergie, une volonté, une intelligence qui remplissent de douleur. Il y a chez ces hommes-là certaines facultés morbides du cerveau analogues aux déformations physiques, aux gibbosités monstrueuses qui se produisent pendant la gestation et semblent être une fatalité pesant sur un seul individu. Ces anomalies de l'espèce, on les compte ; elles ont préoccupé à bon droit les savants, les philosophes et les légistes, et de ce problème insondable nul encore n'a réussi à dégager l'inconnue. Dans une affaire d'assassinat suivi de viol et accompli à Saint-Cyr, auprès de Lyon, dans des circonstances horribles, un des accusés affirmait que de sa part il n'y avait eu aucune préméditation, puisqu'il avait été fortuitement invité à suivre les deux principaux coupables au moment même où ils allaient commettre le crime ; il ne mentait pas, et démontrait qu'il n'avait eu ni arme, ni couteau, mais qu'il s'était contenté, tout en marchant, de ramasser une pierre pour aider à tuer les victimes. Et comme le président, frappé de la justesse de l'allégation, lui disait : « Mais pourquoi, sachant que ces hommes vous conviaient à un crime, les avez-vous accompagnés ? il répondit : — Dame ! entre voisins, il faut bien se rendre de petits services ! »

Cette étude sur les différentes espèces de voleurs ne serait point complète, si je ne disais un mot des *nourrisseurs*. De même qu'il y a des hommes d'affaires qui connaissent les fonds de commerce, les maisons à vendre, et les indiquent aux acheteurs moyennant une prime proportionnelle, de même il existe des voleurs timides ou vieillis, d'anciens praticiens retirés de la vie active, qui mettent leur expérience au service des gens hardis. Ceux-là combinent une affaire, la préparent, en soupèsent les chances bonnes ou mauvaises, *la nourrissent*, selon leur expression, et quand elle est mûre, ils la cèdent, soit à prix débattu, soit en échange d'une part dans les futurs bénéfices. Ce sont en général les vieux receleurs qui font ce métier, parfois assez lucratif, mais qui n'est point sans péril, car celui qui a conseillé et prémédité le crime s'assied à la cour d'assises sur les mêmes bancs que celui qui l'a commis. Tous ces mauvais gars, escrocs, filous, meurtriers, ne s'adressent presque jamais qu'aux honnêtes gens ; mais il est une catégorie de voleurs toute particulière qui s'attaque spécialement aux voleurs : ce sont les *fileurs*. Aux aguets de tous les méchants projets qui s'agitent, écoutant et regardant chaque personnage de ce monde néfaste dans la familiarité duquel ils vivent, provoquant les confidences et surveillant toute action entreprise, ils s'efforcent de surprendre les malfaiteurs en flagrant délit, et lorsqu'ils y réussissent, ils interviennent en disant : « Part à deux, ou je *casse sur toi* (ou je te dénonce). » Le *filé* a beau regimber, faire appel aux sentiments d'honneur, parler de vengeance, promettre une association pour une affaire prochaine et fructueuse ; le *fileur* tient bon, exige sa part, l'obtient, et va chercher ailleurs une nouvelle aubaine. Un fait digne de remarque : les voleurs juifs excellent à filer les voleurs chrétiens ; mais ils ne se filent jamais entre eux.

Section III

Le voleur est digne du nom qu'il porte en argot : il est fainéant par excellence. S'il travaille, au vrai sens du mot, ce n'est que par exception, lorsqu'il est traqué de trop près par la police, qu'il veut donner le change, ou que, réduit aux abois par une série de mauvaises opérations successives, il ne sait plus où donner du front. Ce n'est donc ni au chantier ni à l'atelier qu'il faut aller pour le voir dans la libre manifestation de ses penchants, c'est dans les tapis-francs, les cabarets borgnes, les bals de barrières. Il n'y apparaît ordinairement que fort tard ; il s'est couché vers l'heure où le soleil se lève et a dormi une partie de la journée, cuvant son ivresse ou alourdi par la fatigue de la veille. Il est par-dessus tout, comme les félins avec lesquels il a tant de points de ressemblance, un animal nocturne ; aussi aime-t-il à dire en plaisantant qu'il appartient à l'ordre des gentilshommes de la nuit. Chaque catégorie de voleurs fréquente des lieux particuliers : les voleurs au *rendez-moi* rougiraient de frayer avec les roulotiers, qui ne se soucient guère de se trouver en compagnie des caroubleurs. Si les mœurs générales sont les mêmes, si l'absence de moralité est identique, les habitudes, les relations, sont différentes. Jadis les voleurs de toute sorte recherchaient le centre de Paris ; ils trouvaient là des réduits obscurs, des abris certains, des maisons à triple sortie, des plaisirs faciles et leur grande alliée, la prostitution. — C'était dans les rues tortueuses de la Cité, dans ce chapelet de ruelles infectes et mal fréquentées qui serpentaient entre le Palais-Royal et le Louvre, dans les bas quartiers du Temple, qu'ils avaient établi leurs refuges. Il n'était pas toujours prudent de pénétrer dans ces bouges, et plus d'une fois les patrouilles grises en furent chassées à coups de bouteilles, de brocs et de tabourets. Tout malfaiteur inquiété se sauvait dans les tapis-francs de la rue aux Fèves, de la rue du Haut-des-Ursins, de l'impasse Saint-Martial, sentiers boueux et empoisonnés groupés autour de Notre-Dame, dans le café de l'Épiscié, situé boulevard du Temple, à l'estaminet des Quatre-Billards, rue de Bondy, au cabaret des Philosophes, dit aussi le cabaret de l'Homme *buté* (assassiné), rue Croix-des-Petits-Champs, à l'hôtel d'Angleterre, rue de Chartres, dans les débits interlopes de la rue Froidmanteau et de la rue du Chantre, dans les repoussants garnis de la place aux Veaux, de la rue de la Vieille-Lanterne et de la Petite-Pologne. Ces repaires ont disparu, emportant peut-être avec eux les regrets des amateurs de pittoresque quand même, mais laissant à leur place des squares, des voies spacieuses, des boulevards salubres. En éventrant ces vieux pâtés de maisons, où la vermine disputait le logis aux voleurs, en démêlant à coups de pioche ces écheveaux de ruelles malsaines, en y faisant violemment entrer l'air et le soleil, on n'a pas seulement apporté la santé à ces quartiers misérables, on les a moralisés, car on en a chassé les malfaiteurs que le grand jour épouvante, et qui ne trouvent plus à se cacher dans les vastes espaces où se dressaient autrefois leurs taudis lézardés. Partout cependant, au milieu de ces anciens quartiers où les démolisseurs n'ont pas encore pu entreprendre leur travail d'assainissement et d'épuration, le crime sait se faufiler et s'abriter. Il existe encore malheureusement, dans le centre même de Paris, dans la région commerciale, des rues si étroites, si sales, si sombres, qu'elles ressemblent à des égouts coulant à ciel ouvert. Le soleil n'est jamais parvenu à y pénétrer ; les murailles hautes, ventrues et fendillées paraissent osciller sous le poids de cinq étages ; elles se dressent, bossuées, verdâtres, exhalant une insupportable odeur de salpêtre humide, montrant des loques à chaque fenêtre. De chaque côté de ces sortes d'ornières, où il serait impossible d'appliquer un trottoir, des marchands de vieille ferraille, d'habits sordides, de chiffons empestés, de verres cassés, de tonneaux crevés, gîtent sous des hangars plus semblables à des tects à porcs qu'à des habitations humaines. Çà et là surgissent quelques auberges de mine sinistre, portant sur une enseigne où l'orthographe boite à chaque mot cette inscription : ici on loge à la nuit. Dans les ruisseaux ou sur les tas d'ordures, les enfants à demi nus jouent avec les chiens galeux ; d'une maison à l'autre, on s'interpelle, on se dispute ; s'il y a un cabaret, on y entend des cris ; des femmes ivres, poursuivies par les huées des gamins, battent les bornes en se traînant aux murs ; la biographie des habitants, de la plupart, sinon de tous, est écrite sur les livres d'écrou des prisons ; si un locataire manque dans une de ces masures, on ne s'en inquiète guère, on sait où il est : au dépôt, à Mazas, à la Roquette, à Clairvaux, à Toulon, à Cayenne.

Tout ce monde se connaît, se tutoie, se grise, se bat, et lorsqu'un sergent de ville passe, chacun affecte un air indifférent. C'est une honte pour le Paris moderne de renfermer encore de telles cours des miracles ; ne serait-il pas temps de les faire disparaître, et ne rendrait-on pas un grand service à la population en jetant bas les rues de Venise, des Filles-Dieu, Sainte-Marguerite-Saint-Antoine, la rue des Anglais et quelques autres ?

Ce sont là des exceptions, il faut l'avouer ; aussi le clan des voleurs s'est-il porté en masse du côté des anciennes barrières, dans ces quartiers nouvellement annexés et qui semblent n'avoir encore avec l'ancien Paris qu'une attache exclusivement administrative. Là ils se réunissent dans quelques cabarets où ils sont certains de pouvoir se rencontrer et se concerter pour les mauvais coups qu'ils méditent. C'est vers les barrières d'Italie, des Deux-Moulins, de Fontainebleau, du Mont-Parnasse, du Maine, de l'École-Militaire, que ces tapis-francs ouvrent leurs portes hospitalières à tous les bandits. Tel marchand de vin a ses relations établies de longue date avec les braconniers, tel autre avec les casseurs de portes, tel autre avec les *cambrioleurs*. Il y a là échange de bons procédés, recel, indications. Il est rare que ces bouges n'aient pas plusieurs issues, parfois si bien dissimulées qu'il faut quelque sagacité pour les découvrir. Sur la muraille, on lit des inscriptions du genre de celle-ci, que je cite textuellement : « pour éviter les contestations, le client est prié s. v. p. de payer en servant. » La tasse de café, une sorte de jatte contenant la valeur d'un demi-litre, coûte quatre sous, est servie toute sucrée, sans petite cuiller, et s'appelle *un noir*. Le vin est apporté dans de lourds pots de grès, le vin chaud dans des saladiers d'étain qu'on peut, sans les casser, se jeter à la tête. Dans d'autres repaires, plus infimes encore, des tasses de fer sont scellées à la muraille par une chaîne ; on boit debout, car il n'y a ni bancs ni chaises ; d'une main on donne 10 centimes, de l'autre on tend la tasse, et une fille de service mafflue, grasse et vigoureuse verse à boire sans même faire attention aux paroles obscènes qu'on lui jette à l'oreille. Je me suis attablé dans tous ces cabarets ; j'ai suivi les voleurs dans les étapes du plaisir, comme je les suivrai plus tard dans les étapes de l'expiation, et je me demande ce qu'il y a de plus sinistre : est-ce le café élégant où les faiseurs viennent griffonner leurs fausses signatures ? est-ce la misérable cahute récrépie à la chaux où les voleurs s'entassent pour parler des hauts faits de la veille et des crimes du lendemain C'est la même misère morale sous des costumes différents, et je ne sais si la dernière n'est pas préférable, car du moins elle a pour elle d'agir à force franche, au grand jour et de haute lutte.

Pour beaucoup de voleurs, le café est un cabinet de lecture : vers trois heures de l'après-midi, ils vont dans une sorte d'estaminet établi au milieu d'une cour couverte où l'on a pu placer quatre billards ; là, tout en buvant de l'absinthe, ils lisent et commentent *le Droit* et la *Gazette des Tribunaux* pour étudier théoriquement le code, qu'ils vont très souvent, et comme simples spectateurs, étudier pratiquement à la cour d'assises. Aussi connaissent-ils autant que nul avocat les degrés de pénalité ; ils savent parfaitement d'avance les risques qu'ils ont à courir avec un vol simple ou avec un vol qualifié. Leur journée se passe à jouer, et là encore des divergences apparaissent : les voleurs à la tire jouent au piquet, les cambrioleurs jouent au billard ; les voleurs au *rendez-moi*, qui fréquentent un café spécial, jouent au trictrac. Ces classifications ne sont pas absolues ; mais elles ont quelque chose de général qui s'impose à l'observation. Il n'est pas besoin de dire que tout le monde triche, les voleurs ne jouent jamais à l'écarté, parce que celui qui donne le premier gagne forcement, puisque dès la première passe il fait trois points : le roi et la vole. J'ai vu là des enfants de quinze ou seize ans, impudents et gouailleurs, qui maniaient les cartes avec l'aplomb d'un vieux croupier et jouaient le piquet à écrire avec une perfection désespérante.

Il existe sur un large boulevard dégageant une gare de chemin de fer un café qui a des dehors assez respectables. On entre dans une salle qui n'est pas fort grande et où d'honnêtes rentiers lisent les journaux en buvant leur *gloria* ; mais, si l'on pousse les portes du fond, on se trouve dans une immense salle contenant seize billards et éclairée par plus de cent cinquante becs de gaz. Le long des murs, décorés de paysages, ornés de glaces et souvent percés de portes protectrices, grouille une fourmilière humaine ; blouses, redingotes, vestes, habits, chapeaux, casquettes, se mêlent dans une inquiétante fraternité. A chaque table, on boit et on joue ; des femmes parfois très jeunes et jolies sont mêlées à cette foule ; il monte au-dessus des groupes un murmure de voix basses et contenues, comme si chacun avait peur d'être entendu de son voisin. C'est là le rendez-vous des *carreurs*, des *caroubleurs*, des *voleurs à l'américaine* et de bien d'autres qui, n'ayant pas une spécialité définie, profitent de toutes les occasions que le hasard met sur leur route.

Le pâté de maisons compris entre le boulevard Saint-Germain et le quai de Montebello contient encore quelques curieux spécimens des vieux tapis-francs d'autrefois. Dans une ruelle, à côté de la boutique dégoûtante d'un tripier, en face d'un marchand de vieux habits dont les défroques balancées par le vent traînent jusque dans le ruisseau, s'ouvre une porte basse et vitrée qui donne entrée dans un couloir étroit, pavé, resserré entre un comptoir d'étain grisâtre et une rangée de tonneaux. Au fond, une petite salle carrée, grise de poussière et exhalant une insupportable odeur de lie de vin, abrite quelques buveurs assis, ou plutôt écroulés sur des tabourets dépaillés. Accotés contre les murailles, couchés par terre, vautrés sur des bancs graisseux, des hommes dorment alourdis par la dure ivresse de l'absinthe ; des femmes dépenaillées, dont la laideur et la flétrissure rappellent les sorcières de Macbeth, ont, dans leur voix cassée, enrouée, éraillée par l'alcool, des inflexions encore caressantes pour demander à boire. Si ce n'est l'enfer, c'en est le vestibule, et cependant ce bouge terne et suintant le vice est moins repoussant qu'un vaste cabaret situé non loin de là qui porte un nom terrible : la Guillotine, et qui se trouve établi sur l'emplacement où Sainte-Croix, l'amant de la Brinvilliers, avait son laboratoire secret. On y monte par un perron ; trois vastes chambres garnies de bancs et de tables de bois sont pleines de buveurs pressés les uns contre les autres ; quelques-uns ont apporté de la charcuterie, du pain, et mangent avidement, silencieusement, dans leur coin, comme des loups affamés. C'est là que viennent les pires espèces du genre voleur ; quelques chiffonniers rôdent parmi eux, et les femmes leur parlent avec une soumission dont l'expression est souvent navrante. Lorsque j'y suis entré un soir, vers onze heures, le cabaret regorgeait de monde. Quelques groupes d'hommes réunis, les coudes sur la table, le visage caché par les mains, parlaient en sourdine, et de temps en temps jetaient un regard inquiet autour d'eux. Un guitariste debout, habit noir, longs cheveux collés sur les tempes, mains maigres et sales, tête nue, face ravagée, œil cave et voix chevrotante, chantait sous la lumière du gaz une sorte de *boléro* espagnol. Il démenait son grand corps et grattait sa guitare phthisique, d'où sortait comme un dernier râle un bourdonnement sourd et indistinct. C'était sinistre. Lorsqu'un étranger pénètre dans ces cavernes où le crime et la débauche s'accoudent ensemble devant les brocs de vin frelaté, un grand silence se fait. On regarde le nouveau-venu, on le détaille, on le commente de l'œil, et, comme les agents du service de sûreté excellent aux déguisements, il est promptement soupçonné d'appartenir à *la rousse*. On dirait alors que chacun fait son examen de conscience et se dit : Est-ce moi qu'on vient arrêter ?

Les voleurs ne se contentent pas toujours du plaisir fort modeste qu'on leur offre dans ces cabarets immondes ; ils suivent le progrès, et c'est peut-être bien tout exprès pour eux qu'on a bâti récemment un grand café-concert aux environs de la barrière d'Italie. On pourrait le croire du moins, car ils y affluent. Sur une petite scène éclairée par le gaz, aux accompagnements d'un orchestre qui n'est pas trop mauvais, des actrices très décolletées sont assises. A une ritournelle du violon, une d'elles se lève, s'approche de la rampe et chante. Elle enfle sa voix, elle se dégingandé, elle cherche par toute sorte d'artifices à imiter, une cantatrice de bas étage qui a eu son heure de célébrité ; à la fin des couplets, on l'applaudit, on crie *bis* ! elle envoie des baisers au public. Ce ne sont plus alors ni des cris, ni des bravos, ni des trépignements : ce sont des rauquements de bêtes féroces flairant la proie ; c'est une expansion de bestialité. Ces robes de soie, ces épaules nues où s'enroulent quelques bijoux, cette apparence de luxe et de beauté, soulèvent je ne sais quelles espérances dans ces cœurs violents, et plus d'une femme a dû perdre la tête devant une si brutale explosion d'admiration sauvage. La salle est divisée en un parterre où va le commun des martyrs et une galerie circulaire presque exclusivement occupée par les voleurs, par ces hommes aptes à tout mal que la police appelle *la gouape*. De là en effet ils dominent la salle, l'embrassent d'un coup d'œil, surveillent les arrivants, et, si dans la tournure d'un de ces derniers ils croient reconnaître quelque chose d'inquiétant, ils ont bien vite trouvé l'issue secrète par où ils peuvent s'esquiver.

S'ils ont leurs cabarets, leurs cafés, leurs concerts, ils ont aussi leurs bals. Quelques-uns sont simplement comiques, un entre autres qui se trouve situé non loin de l'Ancienne barrière des Deux-Moulins, et où l'on arrive en traversant des rues si particulièrement fangeuses qu'elles semblent n'avoir jamais été pavées, et si en dehors de toute civilisation qu'elles sont encore éclairées par ces vieux réverbères à l'huile que quatre cordelettes suspendent entre les maisons. La salle de bal est une sorte de couloir peint en jaune ; au fond, sur une estrade, l'orchestre, composé d'un cornet à piston, d'un flageolet et d'un tambour, fait rage sans rythme ni mesure. Là, quand il manque une danseuse, on prend la cuisinière du lieu, car le bal se double d'une gargote. Quelques-uns de ces vastes cafés où l'on danse, où la musique et l'eau-de-vie semblent s'entr'aider pour produire une chorégraphie inconnue, sont relativement luxueux. Le cœur y est involontairement serré à l'aspect de certaines femmes ; non pas de ces femmes épuisées, modelées par le vice, non pas de ces jeunes sorcières de dix-sept ans qui portent sur le visage l'empreinte des plus mauvais instincts, mais de ces jeunes filles blondes, un peu fades, manifestement sans résistance, qui ressemblent à « la cruche cassée » de Greuze, que l'entraînement du plaisir amène dans ces lieux de perdition, et qui, par nonchalance, par faiblesse constitutive, tomberont de chute en chute jusqu'à l'abjection des antres qu'on ne nomme pas ou jusqu'aux cellules des maisons centrales.

Tous ces bals sont pareils, ou peu s'en faut, et gardent le caractère général de guinguette ; un cependant m'a paru plus sinistre que les autres. Sur une des places de Paris, vers le point où le canal se jette dans la Seine, il est établi dans un local construit en planches qui représente assez exactement ces vastes baraques qu'on élève pour abriter les navires encore placés sur le chantier. Des drapeaux tricolores tapissent les murailles peintes en blanc. Les danseurs y sont nombreux, et le moindre geste des danseuses consiste à lever la jambe plus haut que la tête. L'orchestre est représenté par trois cornets à piston, un ophycléide alto, une clarinette, une grosse caisse et des cymbales : il forme une basse continue sur laquelle éclatent les notes de cuivre. Les airs, choisis à dessein, sont très rythmés et d'une violence excessive. Involontairement on pense à Orphée, car Les Ménades qui ont déchiré son corps devaient être affolées par une musique semblable. Rien n'est plus nerveux, plus brutal ; c'est la folie furieuse de la cadence et du son. Les hommes qui fréquentent cette maison maudite sont des *escarpes*, des *scionneurs*, des assassins et des meurtriers. Ils ont pu entrer là, méditant pour la nuit un vol qui leur donnera les joies du lendemain : mais lorsqu'ils ont pendant une heure seulement entendu cette musique infernale, ils sont sortis résolus à toute violence, s'y excitant et s'en faisant gloire. Pendant que ces chants d'énergumène bruissent encore dans leur souvenir, s'ils rencontrent sur les berges de la Seine ou sur les bords du canal un passant attardé, avant toute réflexion, ils se jettent sur lui, l'assomment ou l'étranglent, le dépouillent et poussent le cadavre à l'eau. Sur des natures grossières, un tel enivrement conduit au crime. Ceux qui, arrêtés et interrogés, convaincus de meurtre dans de semblables circonstances, disent : « J'étais fou, » ne mentent pas. Ils ont agi sous l'influence d'une perturbation nerveuse causée par un abus de sonorité admirablement combinée pour ébranler l'âme la plus forte et la mieux assise.

L'aspect de ces mauvais lieux a dû être singulièrement modifié par le gaz ; autrefois c'étaient des salles fumeuses à peine éclairées par un quinquet charbonneux et tremblotant ; à cette heure, la lumière y ruisselle et leur donne peut-être une apparence plus lugubre, car tout s'y aperçoit jusque dans les moindres détails. L'œil embrasse à la fois toutes ces têtes sur lesquelles on s'épuise en vain à chercher la trace des crimes commis ; sous la grande clarté, il semble que les âmes mises à nu vont laisser pénétrer leur secret, et que de ces cerveaux on va voir sortir les larves qui les habitent. La férocité des mœurs n'apparaît réellement que pendant les querelles. Lorsque quelques-uns de ces bandits se disputent entre eux, on n'a garde de les séparer ; loin de là, on les excite. Quand l'insulte a été vive, lorsque l'injure vomie a été si bestiale qu'il faut en venir aux mains, ce n'est pas à coups de poing ni à coups de pied qu'on s'attaque, c'est à coups de tête. Rapidement, d'un seul bond, les deux adversaires s'éloignent et prennent du champ, puis ils se précipitent l'un sur l'autre, le front baissé, comme deux taureaux ; à chaque coup bien porté, la galerie applaudit. Heureusement qu'il se trouve toujours là quelque sergent de ville, alerte, quelque garde de Paris solide qui ramassent les combattants et les jettent au violon avant qu'ils aient eu le temps de se défoncer les côtes. Il faut que de tels plaisirs aient un bien grand attrait pour ces misérables, car, au risque de leur liberté, ils y reviennent invariablement. C'est toujours dans les mêmes cabarets, dans les mêmes cafés, dans les mêmes bals qu'on les retrouve. L'expérience n'y fait rien, elle s'émousse sur une sorte de besoin inexplicable et irraisonné de retourner vers des jouissances déjà connues. C'est ce qui peut faire douter de l'intelligence de beaucoup d'entre eux ; ils n'ont guère que de l'instinct, semblables à ces animaux qui, traqués, pourchassés, repassent fatalement par des endroits pleins de périls, où le chasseur avisé les attend avec certitude. Cette persistance dans l'habitude est, à de très rares exceptions près, un fait commun aux voleurs. Tout malfaiteur est homme de débauche ; tôt ou tard, quel que soit le danger qui le menace, il retourne à son vieux péché et tombe dans les mains ouvertes pour le saisir.

Section IV

S'il est impossible de dire, même approximativement, le chiffre des malfaiteurs qui habitent Paris, on peut du moins déterminer avec certitude le nombre de ceux que la préfecture de police a fait arrêter ; mais il n'est point inutile de remonter de quelques années en arrière et de voir dans quelle proportion ces gens de mauvais monde s'empressent vers la ville qui les tente et les attire de partout, car là se rencontrent plus que partout ailleurs l'occasion, le plaisir, le refuge et peut-être l'impunité. On arrête 20,726 individus en 1857, 24,953 en 1862, 25,516 en 1865. La différence est notable, mais elle est jusqu'à un certain point insignifiante en présence de celle qui se manifeste actuellement. 1866 donne 28,644 arrestations, et 1867 atteint le chiffre de 31,437. Ainsi dans une période de dix ans l'augmentation est précisément d'un tiers. Elle ne fléchit pas, car en 1868 les chiffres s'élèvent à 35,751. La surveillance dont les criminels et les délinquants sont l'objet est plus étendue, menée avec plus d'ensemble, mieux ramifiée qu'autrefois, ceci n'est point douteux, et la répression est plus efficace. Cependant le nombre plus considérable de sergents de ville, les services actifs plus vigilants, ne suffisent point à expliquer des écarts aussi profonds. Cette progression semble être en correspondance directe avec celle que j'ai eu l'occasion de faire remarquer lorsque, m'occupant de la Seine à Paris, j'ai parlé de la Morgue et du nombre de cadavres toujours croissant qu'on y apporte chaque année. Une des causes principales de cette augmentation dans les délits et les crimes tient à l'horreur instinctive que le Français manifeste pour l'émigration. Dans les races saxonnes et germaniques, les aventureux et les aventuriers, ceux qui ne trouvent point dans la mère-patrie une existence assurée, qui se sentent tourmentés par ce malaise vague et indéfini auquel bien peu de jeunes gens savent échapper, s'en vont vers les libres contrées de l'Amérique chercher des occasions de fortune. Chez nous, dans notre race gallo-latine, il n'en est point ainsi ; nous tenons au sol par des attaches si fortes et si tendres que nous ne pouvons les rompre. La vie est dure au village, sans issue, restreinte entre le pénible labeur de la terre et l'impossibilité de se mouvoir dans un milieu étroit et surveillé. Là-bas, à Paris, on dit qu'il y a de l'ouvrage pour chacun, qu'on reconstruit une ville, qu'un bon ouvrier y gagne facilement cinq francs par jour, qu'avec de l'intelligence, des bras solides et du bon vouloir on arrive à tout, même aux honneurs. Voilà ce qu'on se dit dans les veillées d'hiver, autour de l'âtre ou brûlent en pleurant quelques brindilles de bois vert. Le jeune homme est anxieux ; des rêves d'or bruissent dans sa tête ; on se rappelle ce que racontait le voisin, qui a fait son congé et a tenu garnison à Paris ; il a parlé des femmes élégantes, des voitures sans nombre, des spectacles, des cafés toujours ouverts, des bals où l'on danse toute la nuit, des palais, des belles promenades, des rues interminables, de cette foule, de cette activité, de ce gaspillage. C'était jadis une affaire qu'un voyage à Paris ; à pied, le long des routes poudreuses, le sac au dos, il fallait obtenir dans les fermes l'autorisation de coucher sous la grange ; parfois on *se louait* pour faire les étapes suivantes ; on employait un mois, six semaines, quelquefois plus pour parvenir jusqu'à la terre promise. Il n'en est plus ainsi, des chemins de fer vous portent en quelques heures dans cette ville incomparable, dont on raconte des merveilles, et qui adopte ceux qui se donnent à elle avec un cœur vaillant. L'homme et la femme ne résistent pas longtemps à de telles obsessions. Pour un qui réussit, combien y en a-t-il qui succombent ! L'homme est saisi par le vagabondage, et la femme par quelque chose de pis.

Aussi, dans ce chiffre effrayant de 35,751 arrêtés en 1868, il faut compter 14,550 vagabonds et 3,353 mendiants. Beaucoup de ces pauvres gens ont été pris dans les premiers jours de leur arrivée à Paris ; dénués, sans asile, dans un état d'ahurissement indescriptible, n'ayant pas de quoi manger, ayant marché la nuit entière pour n'être pas ramassés par les rondes de police, harassés, ils ont été se livrer eux-mêmes au premier poste qu'ils ont trouvé sur leur chemin. Cette histoire est celle de bien des paysans que les travaux de Paris ont attirés, et qui n'ont pas su se procurer l'ouvrage et le pain quotidiens. Sur les 35,751 individus, 4,429 ont été arrêtés en vertu de mandats d'amener lancés par le parquet de la Seine, 151 en vertu de mandats départementaux, 13 en vertu de mandats du préfet de police, et 31,158 parce qu'ils avaient été surpris en flagrant délit, ou qu'ils n'avaient ni ressource ni asile. Bien des enfants âgés de moins de seize ans (2,333) ont été arrêtés aussi pour fait de vagabondage, et parmi eux il s'en trouve qui, dans la même année, ont été conduits au dépôt quatorze fois et plus. Ceux-là, c'est la vie sédentaire et cloîtrée qui les pousse à fuir. On les rend à leur famille : ils ont pleuré, ils ont couché en prison, ils sont pleins de honte et d'un remords sincère, ils font effort sur eux-mêmes pour ne plus retomber en faute ; mais je ne sais quel oiseau voyageur bat de l'aile dans leur jeune tête : ils ont beau lutter, une force irrésistible les entraîne vers, le soleil et vers la liberté ! Ils reprennent la clé des champs, triste clé pour eux, car elle leur ouvre la porte des postes de police et quelquefois celle de la police correctionnelle.

Dans cette douloureuse statistique des plaies morales de Paris vient ensuite le vol, qui est représenté par 8,698 individus arrêtés, puis l'escroquerie, 1,212, l'abus de confiance, 604, les outrages à la pudeur, les attentats aux mœurs, l'excitation des mineurs à la débauche, qui forment ensemble un total de 532, les ruptures de ban, 729 ; le meurtre, 18 ; l'assassinat, 26 ; je ne parle ni des voies de fait, ni de la rébellion, qui le plus souvent sont le résultat d'un instant de colère. Les deux crimes les plus difficiles à constater, l'avortement et l'infanticide, donnent des chiffres insignifiants, 10 et 17 ; il en est de même de l'empoisonnement, qui n'a amené que 7 arrestations. C'est à Paris même, dans l'enceinte des fortifications, que la police trouve ce vilain gibier ; 31,894 individus contre 3,857 seulement saisis dans les communes voisines. Beaucoup d'entre eux, 19,671, n'étaient point de nouveau-venus et avaient des antécédents judiciaires ; 2,482 avaient déjà été arrêtés dans le courant dépannée, et 13,598 n'avaient pas encore eu de démêlés avec la préfecture de police. Sur le nombre total, il y a eu 4,630 femmes seulement, dont 1,074 mineures. Ces 35,751 personnes n'ont pas toutes été livrées à la justice, comme on pourrait le croire ; s'il y a des coupables, il y a beaucoup de malheureux. Il faut tenir compte des ivrognes arrêtés pour rébellion et qui se repentent dès qu'ils sont dégrisés, des individus arrivés de province, que la fatigue physique, le découragement, avaient vaincus, et qui, épouvantés par la triste nuit qu'ils ont passée au dépôt, demandent à retourner dans leur pays : aussi 2,219 individus ont-ils été immédiatement relaxés par ordre du commissaire interrogateur. En outre 25 enfants ont été placés à titre d'hospitalité dans des maisons correctionnelles, 11 individus ont été transférés à la frontière ou dans leurs départements, 27 ont été remis à l'autorité militaire, 37 ont été envoyés d'urgence dans les hôpitaux, 20 dans leur pays avec secours de route et transport gratuit, en dehors de tout examen judiciaire ; 693 ont été dirigés sur la maison hospitalière de Saint-Denis, 136, arrêtés en vertu de mandats des parquets de province, ont été livrés aux autorités qui les réclamaient, enfin 31,879 ont été remis au parquet du procureur impérial de la Seine avec des notes de nature à éclairer la justice.

La catégorie des vols se décompose en huit groupes principaux, fournissant des résultats différents qu'il est bon d'indiquer, car ils jettent quelque jour sur les habitudes des voleurs parisiens : vols avec violence, la nuit, sur la voie publique, 296, — avec escalade, effraction ou fausses clés, pendant le jour, 649, pendant la nuit, 679 ; vols par salariés, 770 ; dans les maisons garnies, 56 ; par recel, 66 ; vols simples, 6,260 ; vol à l'américaine, 2. Ainsi qu'on le voit, les vols simples sont en majorité considérable, et plaident, toute mesure gardée, en faveur des voleurs de Paris, qui sont bien plutôt tentés par l'occasion que machinateurs de crimes qualifiés. Cela prouve aussi qu'ils sont prudents, et que, s'ils ne savent pas éviter la prison, ils réussissent du moins à se soustraire aux bagnes et à la déportation outre-mer. Deux vols seulement à l'américaine dans l'espace de douze mois dénotent une amélioration sensible dans l'intelligence de la population, qui, il y a quelques années à peine, se laissait fréquemment affriander par les gros bénéfices illicites que les faux Anglais offraient aux gens simples et avides.

La France, l'Europe, l'univers entier, concourent à former les bandes qui exploitent Paris ; on y rencontre des Chinois, des Persans, des Turcs. Les étrangers sont en fort petit nombre, il est vrai, dans les tapis-francs ; mais du moins ils y sont représentés, et donnent par leur présence aux voleurs de la grande ville un caractère de cosmopolitisme qu'il est curieux de constater. 698 Italiens, 738 Belges, 273 Prussiens, 232 Suisses, 70 Américains et bien d'autres venus de pays limitrophes ont passé sous les verrous.[1] Les départemens français les plus riches en ce genre de population sont : Seine-et-Oise, 1,152 ; la Moselle, 909 ; la Seine-Inférieure, 668 ; l'Aisne, 732. Les plus pauvres, et il faut les en féliciter, sont : Vaucluse, 18 ; Alpes-Maritimes, 14 ; Var, 12 ; Landes, 11. Comme toujours et en toutes choses, le département de la Seine garde la suprématie, et s'élève au chiffre de 10,479.

Les corps de métiers apportent aussi, en proportions fort diverses, leur contingent à ce total. En tête et en nombre exceptionnel se présentent les journaliers, qui ont eu 10,376 des leurs mis en prison. Ici l'étiquette est trompeuse, et il ne faut pas s'y laisser prendre. Tous les déclassés, tous les fainéants, tous les ouvriers qui, par défaut d'aptitude ou par manque de travail, ont abandonné leur atelier, vont sur les chantiers de terrassement essayer de manier la pioche, tous ceux qui, n'ayant aucun état, ne vivent que de fraude et de mendicité, lorsqu'on les interroge sur leur profession, répondent : journalier. Après eux, mais très loin, viennent les maçons, 1,975 ; les domestiques, 1,176 ; les serruriers-mécaniciens, 1,132 ; les employés, 1,046, et ainsi de suite ; je ne sais guère quelle fonction sociale ne prend part à des manœuvres coupables, car je vois qu'en 1868 on a arrêté à Paris 7 architectes, 3 avocats, 1 notaire, 36 individus prenant la qualification d'hommes de lettres, 15 ingénieurs, 66 instituteurs, 1 facteur à la poste, 21 pharmaciens et 5 sages-femmes. En lisant ces longues listes minutieusement préparées, et où toutes les classes de la société semblent s'être donné rendez-vous pour affirmer leur immoralité, on se rappelle involontairement le mot du duc de La Feuillade : « il n'y a si bonne famille qui n'ait son pendu. »

Ces soldats de la débauche et du crime ne sont pas toujours sur

---

1 Le nombre total des étrangers arrêtés en 1868 a été de 2,978.

pied, et de même qu'ils ont leurs cafés, leurs cabarets et leurs bals, ils ont des lieux où ils vont faire halte et dormir. Beaucoup d'entre eux sont dans leurs meubles, comme on dit, ou logent chez ces pauvres créatures perdues, tombées au plus bas dans l'égout social, et qu'ils nomment *leurs ouvrières*, car elles travaillent, — et quel effroyable labeur ! — pour les faire vivre. Ceux-là sont les plus heureux, et excitent l'envie de leurs compagnons, qui pour la plupart sont sans domicile. Lorsque les nuits sont âpres ou pluvieuses et qu'ils ont quelque monnaie en poche, ils vont demander asile à ces auberges de dernier ordre qu'on appelle des *garnis à la nuit*. Rien ne peut rendre l'aspect repoussant et l'odeur nauséabonde de ces taudis. Dans ma vie de voyageur, sur les bords de la Mer-Rouge, chez les Arabes ababdehs du désert, sous la tente des Bédouins de la Cœlé-Syrie, dans les bourgades de l'Asie-Mineure, j'ai couché dans bien des gîtes horribles, sales et grouillant de vermine ; mais jamais je n'ai rien vu de semblable à ces bouges aux heures de la nuit. L'imagination des logeurs est inépuisable quand il s'agit de faire trois ou quatre chambres avec une seule, d'établir des refends dans des corridors, d'empiéter sur les paliers ou d'établir des gîtes précisément sous les toits, dans des réduits si bas, si resserrés, qu'on ne peut y pénétrer qu'en rampant. Les escaliers descellés, les vitres absentes, les larges fentes qui bâillent dans les murs, donnent à ces masures l'apparence d'une ruine. Ni quinquet ni lumière : on marche à tâtons au milieu d'une lourde atmosphère où se combinent, dans une odeur insupportable, l'humidité des murs, les chandelles éteintes, la lie de vin mal cuvée et la sueur humaine. Sur un matelas d'où la laine s'échappe, mêlée à des copeaux, un paquet de guenilles est roulé dans un coin ; on le pousse, il s'agite, il se lève ; c'est un homme, et l'on recule effrayé de voir qu'une créature vivante peut respirer dans cet air empesté. Ah ! qu'on comprend mieux alors ceux qui, fuyant l'horreur de pareils abris, vont dormir à la belle étoile, au hasard de la pluie qui peut tomber ou de la ronde de police qui peut survenir ! Tout n'est pas rose cependant pour ceux qui couchent dans les massifs des Champs-Elysées ou dans les caves des maisons en construction ; la plupart du temps ils vont finir leur nuit au poste. Les plus à plaindre sont ceux qui, sans réflexion ni prévoyance, cherchent un asile sous les arches de ponts et y dorment baignés par le courant d'air glacial qui paralyse leurs membres et les envoie bientôt à l'hôpital atteints de rhumatismes articulaires ou de névralgies aiguës. Le lieu de prédilection des vagabonds et des voleurs a été longtemps les fours à plâtre de Montmartre ; mais depuis que ces derniers ont été abandonnés, ils se sont rejetés en partie vers Bagnolet et vers Pantin. Il est cependant un endroit qu'ils fréquentent volontiers à Paris et qui est fort connu, car chacun a entendu parler des carrières d'Amérique. Ce n'est pas là pourtant, comme on semble le croire, qu'ils s'entassent pendant les nuits d'hiver. Les carrières en effet sont inhabitables, même pour des hommes rompus à toutes les duretés de la vie en plein air ; ce sont de longs couloirs d'où l'eau tombe goutte à goutte sur des terrains tellement détrempés qu'on y marche dans la fange jusqu'au-dessus de la cheville. C'est tout auprès qu'ils se réfugient, à côté de fours à plâtre qui, flambant jour et nuit, répandent une chaleur dont les vagabonds savent apprécier les bienfaits. Là, ainsi qu'ailleurs, comme on fait son lit, on se couche. Les mieux avisés n'arrivent pas trop tard, de façon à pouvoir choisir les bonnes places, s'étendre sur les fagots, non loin des fours et à l'abri des courants d'air. On fait plus que d'y dormir, on y soupe de charcuterie, d'eau-de-vie volées : on s'y donne des rendez-vous, l'on s'y invite en soirées ; on y danse, on s'y bat, et il n'est si repoussante débauche dont ces lieux désolés n'aient été les témoins.

Tout s'use à la longue, les carrières d'Amérique sont près d'avoir fini leur temps ; en tout cas, leurs belles nuits sont passées. La police a trop regardé de ce côté-là, et les vagabonds ne s'y rendent plus qu'en hésitant, car il est rare maintenant que leur sommeil n'y soit pas troublé. Vers deux heures du matin, quand on estime que les fours à plâtre sont occupés et que chacun s'y est endormi, on part à petit bruit du poste de police le plus voisin. Les agents, commandés par un officier de paix, se divisent en quatre bandes qui, rasant les murailles, marchant sur la pointe du pied, entourent le repaire de tous côtés, de façon à en garder les issues. A un signal donné, les torches sont démasquées, et l'on se précipite avec ensemble vers le grand dortoir improvisé sous les voûtes blanchies. L'alerte est générale. Les novices cherchent à se sauver ; les vieux routiers se lèvent en étirant les bras, et se placent d'eux-mêmes entre les agents. Nul ne résiste jamais, et le premier mot de tous ces malheureux est : ne me faites pas de mal ! Que trouve-t-on là ? Le rebut de Paris, des vagabonds, des voleurs, des repris de justice, des misérables aussi qui ne peuvent inspirer que la pitié. « J'ai un asthme, disait l'un d'eux, qui m'empêche de travailler ; je tousse beaucoup, et à cause de cela les logeurs me mettent à la porte ; je viens coucher sur les fours à plâtre parce que j'en éprouve quelque soulagement. » Celui-là a dû être immédiatement et d'urgence dirigé sur un hôpital pour y recevoir des soins. On y arrête des enfants échappés et voleurs ; quatre d'entre eux furent surpris au moment où ils dépeçaient à pleines mains et mangeaient une motte de beurre qu'ils avaient enlevée à la halle. Ces razzias donnent des résultats importants ; en deux jours, les 19 et 20 février 1869, on a saisi 77 individus, dont 58 avaient déjà eu à compter avec la justice.

Telle est cette armée du mal qui sans cesse en haleine menace et attaque Paris ; elle est composée de partisans isolés et assez peu intelligents, quoi qu'on en ait dit ; elle n'obéit à aucun chef, ses soldats se haïssent et se nuisent entre eux ; les passions bestiales les emportent, et leur laissent rarement l'esprit de suite et la lucidité qui font les grands criminels. Si l'on regarde vers le passé, vers ces temps prétendus glorieux qu'on préconise encore, si l'on se rappelle qu'en 1609 on prescrivit de fermer les théâtres à quatre heures du soir, en hiver, à cause des bandes de voleurs qui, la nuit venue, se ruaient sur la ville, si l'on n'a pas oublié les vers de la *sixième satire* que Boileau écrivait en 1665, si l'on se souvient qu'à la veille même de la révolution les malfaiteurs trouvaient légalement des lieux d'asile inviolables dans les enceintes du Temple, de l'Abbaye et ailleurs, on conviendra que nous jouissons d'une sécurité que n'ont point connue nos ancêtres. L'homme est mauvais, la justice le maintient, la philosophie l'adoucit, qu'elle soit appuyée sur un dogme religieux traditionnel ou qu'elle soit une simple conception de l'esprit ; mais les âmes perverses, trop violentes ou trop faibles, échappent à cette double influence, et les bandits dont j'ai essayé d'esquisser la physionomie ne sont point touchés par des notions métaphysiques. Ils ne respectent guère que la force, l'adresse, la vigilance. En présence des mauvais instincts qui portent atteinte à son repos et à sa propriété, la société est en droit de légitime défense : elle a édicté des lois répressives, et confié le soin de la sauvegarder à une autorité active et toujours aux aguets. J'espère pouvoir raconter bientôt à quels hommes incombe ce soin périlleux, et expliquer les rouages multiples de ce qu'on appelle en langage administratif *la sûreté publique* à Paris.

ISBN : 978-1720670179